AF440287

LA GUERRE DE DEMAIN

MA 1ʳᵉ LETTRE

AUX BOURGEOIS

PAR

LOUIS NOIR

Ce que je veux?

> Qu'est-ce que la bourgeoisie ?
> Rien.

Je veux vous indiquer vos devoirs, vous pousser à les remplir, vous faire reconquérir une influence perdue à juste titre.

A Paris, vous ne comptez plus dans les élections.

L'avez-vous mérité ?

Oui.

En province, chaque jour, les campagnes se séparent de vous un peu plus ; la scission se fait, elle est faite.

Dans les grandes villes, les masses sont contre vous.

Est-ce par votre faute ?

Oui.

Pourquoi ?

Parce que vous abandonnez vos devoirs pour la satisfaction de vos appétits.

Au lieu d'être l'élite des travailleurs, vous n'êtes qu'un troupeau de jouisseurs.

Après Sedan, vous rêvez encore d'abdiquer entre les mains d'un maître, dictateur ou César, sous une forme ou sous une autre.

Vous avez la nostalgie du gouvernement fort qui mène le peuple et qui vous mène.... à une nouvelle et inévitable catastrophe.

*
* *

Ce que vous voulez ?

Moi ! encore moi ! toujours moi !

Vous voulez vous enrichir le plus vite possible et jouir le plus possible.

Vous l'avez toujours voulu.

Vous le voudrez toujours.

Si vous le vouliez intelligemment, je n'y trouverais rien à dire.

Mais je vous reproche de voir toutes choses petitement, égoïstement, mesquinement. A votre intérêt particulier du moment, à votre intérêt mal entendu, vous sacrifiez les intérêts généraux de votre classe, aussi ceux de la nation.

Et, de votre incurie, de votre myopie, de votre indifférence, il résulte tous les vingt ans un bouleversement.

En France, les cataclysmes politiques sont périodiques par votre faute.

Vous accusez le peuple de faire des révolutions et c'est vous qui les provoquez.

Si vous m'entendez, je vous montrerai vos erreurs sociales et politiques ; vous verrez à nu vos plaies intellectuelles, morales et physiques.

Je ne veux aujourd'hui attirer votre attention que sur un seul point, le plus menaçant

*
* *

La guerre de demain.

Para bellum !

Parviendrai-je à obtenir de votre indifférence, d'approfondir avec moi cette question redoutable qui a mis hier les bourgeois d'Alsace et de Lorraine sous le talon de l'aristocratie militaire prussienne et qui peut demain vous y mettre vous-mêmes, avec vos enfants !

Je ne sais s'il faut attendre de vous l'effort d'intelligence que je réclame.

J'en doute si je songe à ce que vous êtes.

* *

Ce que vous êtes.

Dormir, c'est périr.

Tour à tour indifférents ou affolés, vous vous désinté-
ressez de toute question qui n'entraîne pas un avantage
ou un péril imminent ; vous abdiquez pendant longtemps ;
puis vous vous agitez, impuissants parce que vous n'avez rien
prévu.

Vous en êtes à l'agitation. Etudions ensemble le problème qui se pose.

Vous ne formez pas une classe de citoyens intelligente
et forte comme dans les autres nations; vous êtes une col-
lection d'individus allant à l'aventure, acceptant aveuglé-
ment les évènements comme ils viennent ; et, à la veille
des grands périls nationaux, vous vous éveillez tout à
coup et vous vous sentez pris comme aujourd'hui d'une
immense et vague inquiétude.

Vous avez raison de secouer votre torpeur et d'ouvrir
enfin les yeux.

Mais n'est-il pas trop tard ?

Je le crains.

* *

Votre tort.

Mea culpa.

Votre tort est de n'avoir pas formé depuis longtemps un
courant d'opinion qui aurait imposé les solutions si sou-
vent réclamées et toujours retardées par le manque
d'énergie des ministres et les lenteurs d'une chambre faite
à votre image de petits esprits, sans portée, qui ne voient
que les côtés minuscules des faits.

* *

Revue rapide.

Des abus ! encore des abus !
toujours des abus !

C'est ainsi qu'à la veille d'une guerre possible, probable,

aucune des réformes indispensables dans l'armée n'est résolue; passons-en une revue rapide.

Nous avons toujours le système mixte du double contingent, cinq ans et un an.

Nous avons toujours la même intendance, celle qui laissait mourir de faim, hommes et chevaux en Tunisie et qui ne sut pas envoyer de quinine aux fiévreux.

Nous avons toujours beaucop trop de ces généraux auxquels on n'ose pas imposer l'étude, avec cette alternative : mise à la retraite ou preuves de capacité; généraux, si si incapables que l'on n'a jamais osé mettre en présence deux corps d'armée l'un contre l'autre avec liberté d'action, comme en Prusse, en Autriche, en Italie.

Nous avons encore des officiers supérieurs auxquels il est impossible de rester dix heures à cheval.

Nous avons toujours une cavalerie dont les inspecteurs écrivent et proclament qu'on ne peut en obtenir une marche par brigade ou par division

Nous avons encore le volontariat d'un an, pour vos fils. c'est-à-dire le remplacement déguisé.

Nous avons les troupes les moins intelligemment et les moins élégamment vêtues de l'Europe.

Nous avons laissé subsister des monopoles de fournitures militaires.

On continue avec la maison Godillot les erreurs de l'empire.

Nous avons eu l'affaire des souliers qui est restée un scandale impuni.

Nous avons vu des fuites, des suicides et quelques mises à la retraite révéler les tristes pratiques de l'administration de la guerre; mais nous n'avons pas nettoyé à fond les écuries d'Augias.

La faute en est à qui?

A vous, bourgeois, qui n'avez point voulu apporter le puissant concours de votre volonté pour imposer des réformes indispensables.

Car il n'y a pas un ouvrier, pas un pauvre qui ne les réclame impérieusement, qui ne les désire passionnément. Votre chambre bougeoise reste inerte, forte de votre propre inertie.

Et nous voilà même paralysés, toujours par votre faute au point de ne pouvoir faire un mouvement hors de France.

Il nous est impossible de mettre en ligne un corps expéditionnaire et nous sommes ridicules encore une fois devant l'Europe.

Notre surprise éclate une fois de plus d'une façon hon-

teuse et l'Europe connaît le point faible de notre organi-
sition.

* *
*

Le point faible.

> La massue qui abat un arbre
> ne saurait écraser un cirou.

Dès de début de la guerre de Tunisie, on constatait avec
stupéfaction l'impuissance radicale de notre système militaire à mettre en ligne vingt mille hommes, sans désorganiser les cadres de la mobilisation.

Une solution s'imposait.

La création d'une armée coloniale.

En proclamant l'urgence, c'était une loi à faire passer
en huit jours ; cette armée existerait aujourd'hui.

On n'a même pas présenté un plan sérieux, formulé un
système raisonnable. Hier, seulement, on déposait un projet dérisoire aboutissant à une augmentation d'effectif de
huit mille hommes pour le 19ᵉ corps et c'est tout.

Demandez à n'importe quel soldat d'Afrique s'il ne serait
pas facile de trouver quarante mille engagés et rengagés
pour cette armée coloniale.

Tous vous répondrons : ce n'est qu'une question de solde
et de prime.

Et ni les chambres, ni les ministres n'ont rien fait dans ce
sens jusqu'aux derniers jours de juillet.

Et nous voilà encore une fois surpris par les évènements,
ayant perdu une année entière.

Pourquoi?

Parce que vous, bourgeois, vous n'avez pas manifesté à
une chambre bourgeoise et rurale votre volonté énergique
et seule efficace sur ces députés d'arrondissement choisis
par les notabilités de votre caste.

Parce que tous les ministres ont reculé devant cette nécessité : réclamer quarante ou cinquante millions pour
cette armée coloniale.

Vous sentez aujourd'hui très vivement les imperfections
de notre système militaire et voilà pourquoi la guerre de
demain nous effraie.

* *
*

Classe dirigeante.

Vanité des vanités.

Vous vous intitulez classe dirigeante, donc vous vous rendez responsable.

Aussi cette guerre, vous la sentez sur vos épaules, elle vous pèse, vous respirez mal à l'aise dans une atmosphère d'orage.

Classe dirigeante, comment avez-vous dirigé l'armée?

Vos prétentions ne seront-elles donc toujou·s que des vanités.

*
* *

Question posée ?

Varus, rends-moi mes légions.

La question posée, c'est la guerre ?

C'est la vie où la mort?

C'est être où n'être plus.

Et vous savez qui pose cette question. ?

Vous savez qu'à Varzin le sphynx allemand qui veut dévorer l'Europe, médite sur cette question redoutable.

Malheur à qui ne la résoudra pas?

Etudiez donc vous-mêmes les problèmes inquiétants; ne vous en rapportez ni aux ministres, ni aux chambres; apprenez, sachez et voulez.

Peut-être pouvez-vous conjurer l'orage?

S'il éclate, avec l'armée telle qu'elle est, il est permis d'espérer la victoire, malgré les lacunes et les imperfections de l'organisation, malgré les incapacités notoires de l'état-major que l'on s'obstine à conserver; mais il faut nous préparer, sans provoquer.

Le problème a deux faces :

QUESTION POLITIQUE !

QUESTION MILITAIRE !

Etudions-les toutes deux.

Aurons-nous la guerre?

C'est la question politique.

Pouvons-nous faire la guerre avec espoir de vaincre?

Voilà la question militaire.

*
* *

Aurons-nous la guerre?

Plaie d'argent, plaie mortelle.

Aurons-nous la guerre?

Oui.

Tous les matins M. de Bismark constate qu'il lui manque un million par jour au moins pour doter suffisamment tous les services.

Il fait opérer des éconnomies désastreuses sur les dépenses civiles pour maintenir les dépenses militaires à leur chiffre indispensable, sans y arriver.

Tous les services sont en souffrance, même ceux de la guerre.

Il a fallu renoncer à encadrer cinquante mille conscrits par an (fait généralement ignoré) ; au bout de vingt ans cela fait un million d'Allemands à peu près dépourvus d'instruction militaire.

Tous les ans, le déficit budgétaire est considérable.

M. de Bismark a essayé de tout, même de l'empirisme et économie sociale et politique.

Il a frappé les objets importés et il n'a réussi qu'à augmenter la cherté, diminuer les sources du revenu et mettre la nation aux abois.

Il cherche des ressources et n'en trouve pas.

L'état financier de l'Allemagne est déplorable, elle succombe sous le poids des dépenses militaires.

Mais M. de Molkte a déclaré qu'il faudrait monter la garde avec quatre cent quinze mille hommes (temps de paix), pendant cinquante ans, autour des conquêtes de la Prusse.

Et dix ans seulement de ce régime ont réduit l'Allemagne à une misère qui deviendra intolérable.

Chaque soir, elle est appauvrie d'un million.

Les artifices budgétaires masquent une partie des pertes ; mais, chaque fin d'année, on est forcé d'avouer un déficit de soixante millions et il a fallu faire deux cent cinquante millions d'économies désastreuses.

Chaque jour, au contraire, malgré des profusions fâcheuses, malgré les abus et les dilapidations, malgré tout, les finances de la France sont prospères et chaque année amène une diminution d'impôts.

Le point le plus sensible de comparaison, celui qui touche M. de Bismark, c'est que tout le contingent valide français de cent cinquante mille hommes est encadré, la plus grande partie pour quatre ans; une portion pour un an.

Il ne peut, lui, encadrer pour le service de trois ans que cent vingt mille hommes.

Et quoi qu'il fasse, quoiqu'il tente, M. de Bismarck se rend compte de cette nécessité, inéluctable à bref délai, de réduire l'armée allemande.

M. de Molkte, au contraire, en demande l'augmentation.

Que faire ?

Dès l'année 1873, M. de Bismark avait compris quelle serait sa situation aujourd'hui.

Dès 1873, M. de Bismark jugeait que la France se relevait si vite qu'elle déjouait ses calculs.

En cette année 1873, deux ans après la guerre, M. de Bismark voulait se jeter de nouveau sur la France, lui enlever une nouvelle province, des milliards et la réduire à l'immobilité, à l'impuissance pour cinquante ans.

Les révélations sur ce projet n'ont pas manqué, et, si l'Europe ne s'était pas interposée, la Russie surtout, M. de Molkte nous surprenait en plein travail de réorgnanisation et renouvelait l'invasion.

M. de Bismark voyant qu'il avait l'Europe contre lui, s'étudia à l'avoir en partie pour lui.

Il y a réussi.

L'Autriche est inféodée à sa politique depuis qu'il lui a montré le chemin de Constantinople, vers laquelle elle marche, ayant déjà marqué des étapes par l'annexion de la Roumanie et de l'Herzégovine.

Depuis la mort de Skobeleff, et la disgrâce d'Ignatieff, nous n'avons plus à compter sur la Russie.

Depuis la guerre de Tunisie, entreprise avec cette incitation que l'Allemagne nous laissait carte blanche de ce côté, nous nous sommes aliénés l'Italie, et nous avons l'hostilité sourde de l'Espagne, hostilité qui a éclaté à propos de l'affaire de Saïda et de l'indemnité aux colons espagnols.

L'œuvre diplomatique est terminée.

M. de Bismarck n'attend plus qu'une occasion.

Quelle occasion ?

La plus propice, celle où nous nous serons aventurés plus encore qu'en Tunisie, celle où nos forces étant désorganisées, notre mobilisation sera compromise.

*
* *

Les Pièges

Timeo Danaos et dona ferentes.

Plus nous allons, plus le jour se fait sur les vues de M. de Bismarck.

C'est lui qui a encouragé M. Barthélemy-Saint-Hilaire à s'égarer en Tunisie pour pousser l'hostilité des Italiens contre nous à son paroxysme.

C'est lui qui a poussé M. de Freycinet à intervenir en Egypte pour nous user, nous affaiblir, faire surgir quelque *casus belli* de cette affaire si profondément embrouillée dans laquelle il voulait nous engager.

Il avait la Turquie pour paravent et il aurait pu nous surprendre en pleine désorganisation militaire.

Car l'expédition de Tunisie a prouvé que nous ne pouvons fournir les quarante mille hommes d'infanterie indispensables à l'expédition d'Egypte, sans bouleverser 80 régiments.

En effet il faut 80 bataillons à cinq cents hommes, pour produire 40.000 hommes.

Il faut donc priver 80 régiments d'un de leur bataillon.

Voilà donc 80 régiments bouleversés et l'on connaît la délicatesse excessive du mécanisme de la mobilisation ; la plus petite confusion y produit la dislocation et un trouble dans le fonctionnement des rouages paralyse le mouvement.

Mais outre les 80 régiments disloqués, il y aurait trois cents autres bataillons réduits à des effectifs dérisoires.

A cette heure, nos compagnies ne présentent pas chacune plus de quarante hommes de troupes, soit deux cents hommes par bataillons.

Il faudrait donc emprunter la moitié de leur effectif à plus de deux cents autres bataillons pour compléter à 500 hommes le chiffre des 80 bataillons expéditionnaires.

Que l'on se souvienne de l'expérience de Tunisie ; du désordre immense qui résulta de la formation des colonnes expéditionnaire; des cris d'angoisse jetés par les commandants de corps d'armée.

C'est qu'aussi quand il s'agit de trouver dans les conditions actuelles quarante mille hommes, on aboutit à ce résultat effrayant.

Un vide de . . . . 80 bataillons partants.

Une désorganisation de 80 régiments, soit 240 bataillons épuisés par les versements d'hommes aux bataillons expéditionnaires.

Donc 240 bataillons quasi paralysés 240

————

320

TROIS CENT VINGT BATAILLONS !

Et nous irions en Egypte dâns ces conditions désastreuses pour notre défense sur le continent.

Vous savez chiffrer, vous, bourgeois.
J'insiste.
Ne croyez pas que j'exagère,
La compagnie actuelle n'a que quarante fusilliers au
plus.
Il en faut cent.
Il en manque donc soixante.
En prenant la moitié de leur effectif aux compagnies
restantes, c'est vingt hommes par chacune de ces compa-
gnies; donc trois compagnies à appauvrir de la moitié de
leur effectif si faible déjà. pour fournir soixante hommes.
C'est donc bien trois compagnies disloquées pour une
partante.
C'est donc bien trois bataillons disloqués pour un par-
tant.
Je vous le répète, je n'exagère rien.
Et vous ne croyez pas que M. de Bismarck ignore cette
situation.
Et vous ne sauriez imaginer que s'il cherche à la faire
naître, ce soit dans notre intérêt.
Et vous savez qu'il a voulu nous pousser en Egypte.
Et ce sont des Prussiens qui commandent l'armée turque.
Et voilà pourquoi, moi soldat, moi Lorrain, moi à qui
l'on reproche d'être chauvin, j'ai toujours dit :
N'allez pas en Egypte tant que vous n'aurez pas d'armée
coloniale.
Il semble que le danger d'y aller soit passé.
Erreur !
On nous y poussera.
On nous y appellera encore.
N'y allez pas, parce que M. de Bismarqk serait aveugle
s'il n'avait pas vu quelle effrayante désorganisation avait
causé dans notre armée l'expédition de Tunisie, désorga-
nisation à laquelle nous n'avons paré encore qu'à demi;
désorganisation irrémédiable si nous avions envoyé 40,000
hommes en Egypte, avec appel de renforts bientôt après
pour l'Algérie, pour Tunis et pour l'Egypte même.
N'allez donc pas en Egypte et conservez vos forces pour
défendre la France.
Mais...
Je sais tout ce que l'on peut dire, je connais les mais...
les si... les parce que... les bonnes et mauvaises raisons.
J'y réponds par cet argument péremptoire, sans réplique :
« Vous ne pouvez rien en fait d'expéditions lointaines,

dans l'état actuel de l'armée, sans désorganiser l'armée, sans vous enlever le moyen de résister sur le continent avec chance de succès. »

Cet avis est celui du ministre de la guerre actuel qui met la vérité et le salut suprême de la patrie au-dessus de la fantasmagorie des mots et l'intérêt suprême au-dessus de l'intérêt secondaire.

Le prestige de la France sera compromis en Orient.

C'est vrai.

Les intérêts commerciaux français en Egypte seront compromis.

C'est vrai.

La prédominance exclusive de l'Angleterre dans le bassin oriental de la Méditerranée sera assurée.

C'est vrai.

Mais si vous désorganisez votre armée, vous perdrez bien plus encore, vous perdrez la France.

Lors du règlement de la question d'Orient, votre armée intacte, vous pèserez bien plus dans les discussions diplomatiques, après la guerre anglo-égyptienne, que si vous aviez coopéré à cette guerre.

Les Anglais, au moment du partage, se soucieraient peu d'une puissance affaiblie et incapable de tenir tête à l'Allemagne.

Ils prendraient tout le profit comme toujours et nous aurions tiré les marrons du feu.

Désolons-nous de notre impuissance ; entrons en rage patriotique ; maudissons notre imbécilité, mais avouons-la si nous voulons en trouver le remède.

*
* *

Le remède!

Il n'est pire sourd que celui
qui ne veut pas entendre.

Le remède, on le crie sur les toits depuis la guerre de Tunisie ; mais personne ne semble le connaître.

Le remède c'est l'armée coloniale.

Le remède c'est un corps de quarante mille hommes toujours stationné en Algérie, toujours prêt à entrer en campagne, à être embarqué par masse ou par détachements.

Ce corps composé de vieux soldats, vaudrait les anciens régiments de zouaves en peu de temps.

Ce corps serait formé d'engagés et de rengagés, avec prime et haute paie, qui feraient de l'état militaire une carrière.

Ce corps serait aussi un débouché pour cette foule de cerveaux brûlés qui s'engageaient autrefois par coup de tête ou par vocation et qui formaient de si merveilleux soldats d'aventures.

Ce corps débarrasserait les villes et Paris surtout d'une foule de jeunes gens qui tournent fort mal et qui seraient utiles à leur pays.

Avec ce corps d'armée la France pourrait frapper des coups sûrs et forts à égalité, à supériorité même de nombre et de qualité, contre ou avec n'importe quelle autre puissance, sans toucher à son armée continentale.

Ce corps nous donnerait la sécurité en Algérie, en Tunisie, dans toutes nos colonies.

Ce corps pèserait d'un poids considérable, quand il surgirait une question coloniale.

Ce corps est indispensable.

Le ministre de la guerre a déposé un projet que la Chambre s'est empressée d'ajourner.

Mais, d'ores et déjà, il est certain, visible, palpable que le projet est insuffisant.

Il faut faire complet, il faut donner quarante mille hommes à la protection de nos intérêts lointains ou ne rien faire du tout.

Pourquoi les ministres ont-ils tant tardé ?

Pourquoi ont-ils fait au dernier moment une proposition mesquine, presque ridicule, se bornant à une demande d'augmentation de huit mille hommes pour le 19ᵉ corps ?

Parce que chaque fois qu'il s'est agi de cette armée coloniale, la Chambre, composée de bourgeois, s'est bouché les oreilles.

Parce que, vous bourgeois, vous n'admettez pas cette dépense indispensable.

Il n'est pires sourds, je le répète, que ceux qui ne veulent pas entendre.

Je ne veux pas soutenir qu'il eut été utile d'aller en Egypte.

Je me contente de dire que l'impossibilité d'envoyer quarante mille hommes, n'importe où, sans désorganiser notre armée continentale, est constatée.

Il est donc indispensable de créer l'armée coloniale.

Demain, peut surgir un événement qui exige ce déploiement de force sans conteste et tous les partis d'accord pour une intervention.

Que feriez-vous sans armée ?

N'est-ce pas assez d'impuissance ?
N'est-ce pas assez d'humiliations ?

* * *

Pouvons-nous vaincre ?

> Le Dieu des batailles finit toujours
> par se ranger du côté des gros
> bataillons.

Etudions maintenant la question de la guerre continentale.

Pouvons-nous vaincre ?

Oui.

Car avoir le nombre, c'est déjà beaucoup, or, malgré les imperfections signalées, les réformes à faire, nous avons la supériorité du nombre et comme soldats et comme cadres.

Comme soldats je me contente de prendre notre contingent annuel encadré pour cinq ans ou pour un an seulement.

Ce contingent annuel est de. 150.000
Voilà une moyenne exacte qui donne, au bout de dix ans pour l'armée active. 1.500.000
Mais il faut réduire ce chiffre, à cause des déchets, à. 140.000
Armée active. 1.400.000
Les dix contingents de l'armée territoriale donnent. 1.000.000
Voilà pour le nombre.
L'armée allemande n'encadre par an que. . . 117.000
Il y a donc par an sur notre armée un déficit de 33.000
Mettons à cause des déchets en chiffres ronds de 30.000
C'est en vingt ans 600.000
Pour combler ce vide, M. de Molke a imaginé de donner aux hommes non enrégimentés, sept semaines d'instruction en diverses fois.

Ce n'est qu'un palliatif.

C'est aussi un palliatif que de créer une landsturm en prolongeant le service de la landwer.

Nous n'avons qu'à déclarer que nous prolongeons d'autant d'années le service de notre territoriale.

Les points faibles de l'Allemagne sont le mauvais état des finances et de l'émigration.

Certes avec 45.000.000 d'âmes, les Allemands devraient être plus nombreux que nous sous les armes.

Mais le manque d'argent les empêche d'enrégimenter tout leur contingent.

L'émigration qui s'élève en de certaines années à 300.000 personnes, enlève de nombreux jeunes gens qui fuient les charges militaires.

D'une part ce sont des bras qui s'éloignent au moment de travailler et de combattre, bouches inutilement nourries.

D'autre part, tout ce monde emporte du numéraire.

Voilà pour le nombre, comme soldats.

Comme cadres, nous avons un grand avantage

A nombre égal de régiments d'infanterie, nous avons quatre bataillons 1|2 par régiments.

3 bataillons qui forment le régiment de première ligne.

1 bataillon de forteresse.

1|2 bataillon de dépôt.

C'est ce qui nous permet d'encader facilement nos énormes réserves.

De plus cette organisation nous permet de ne former qu'une armée homogène où la *territoriale* se fond dans l'*active*.

Voici comment :

En cas de mobilisation, supposons un régiment quelconque, le 32me.

L'ordre de mobilisation donné, les trois premiers bataillons reçoivent leurs réservistes et partent pour la frontière sous le nom de 32e, — premier.

Le 4e bataillon (de forteresse) reçoit ses réserves, il forme régiment avec deux bataillons du 32e territorial et il se nomme 32e bis.

Le 1|2 bataillon de dépôt se double et devient 5e bataillon.

Il reçoit les retardataires, les mis à la disposition et forme avec les deux bataillons restant du 32e territorial un troisième régiment, le 32e ter.

Le colonel du 32e commande le 32e n° 1.

Le lieutenant-colonel le 32e n° 2.

Le lieutenant colonel de la territoriale le 32e n° 3.

Avec cette organisation, pas d'improvisation, pas de dislocation, pas de désordre.

Tout réserviste est nominativement inscrit au rôle de sa compagnie, tenue à jour.

En Allemagne, les régiments n'ont que trois bataillons et ils improvisent un dépôt au moment du départ.

S'il fallait encadrer d'aussi grosses masses que les nôtres, les Allemands ne le pourraient pas, faute de cadres ; c'est parce que ceux-ci coûtent cher, qu'ils n'en ont pas plus.

*
* *

Encore la question d'argent.

> Pour faire la guerre, il faut
> de l'argent, encore de l'ar-
> gent, toujours de l'argent.

La question pour nous n'est pas tant de vaincre que de faire durer la guerre.

On a vu des nations victorieuses, mais épuisées d'argent se trouver obligées en plein succès de conclure la paix désavantageusement.

C'est la leçon de l'histoire.

L'Allemagne possède encore le milliard de guerre, réservé à Spandau.

Mais, supposons, que grâce à nos immenses camps retranchés, grâce à notre première armée de sept cent mille hommes, doublée par une seconde armée aussi de sept cent mille hommes, triplée par une troisième armée aussi considérable, nous puissions arrêter l'ennemi aux frontières, malgré des succès chèrement payés ; supposons que de nouveaux Bazaine ne trahissent pas ; que cette guerre défensive qui ne demande ni du génie, ni même de grands talents, soit honnêtement et bravement menée ; supposons que nous tenions fermement pendant un an avec deux millions d'hommes instruits, une artillerie excellente, un matériel presque parfait (nous avons bien tenu six mois avec deux cent vingt mille hommes, puis avec des soldats et un matériel improvisés), supposons que nous ayons fait user par cette résistance beaucoup d'hommes et toute sa réserve métallique à la Prusse ; où trouvera-t-elle de l'argent pour continuer la guerre ?

Voilà un espoir solide et capable de faire réfléchir l'ennemi si nous ne lui donnons pas sottement l'occasion de nous attaquer en flagrant délit de désorganisation.

Pourrons-nous tenir longtemps ?

Oui.

Tenir c'est vaincre.

Et que l'on soit certain que d'une guerre un peu prolongée jaillissent des généraux.

* *
* *

Faut-il souhaiter la guerre ?

> La guerre est le pire des maux.

Non, je ne souhaite pas la guerre.

Je ne la souhaite pas immédiate surtout.

Mais, comme chaque jour qui s'écoule nous permet d'accomplir une réforme, malgré nos lenteurs déplorables ; comme chaque jour fauche une ganache militaire, imbue des errements du passé ; comme chaque jour met en lumière les jeunes talents ; comme chaque jour enlève de l'or à l'Allemagne qui sera forcée d'entamer le trésor de Spandau ; comme chaque jour nous renforce, je ne souhaite pas la guerre.

Mais je crois que si nous étions injustement attaqués, nous serions en mesure de nous défendre... si, créant une armée coloniale, nous ne désorganisons jamais les cadres de l'armée continentale.

*
* *

Conclusion.

> Prévoir, c'est pouvoir.

Je vous demande, bourgeois, mes frères, de délier les cordons de votre bourse pour créer cette armée coloniale, non pour que nous puissions nous mêler de ce qui ne nous regarde pas, mais pour nous permettre d'agir dans le cas où vraiment il serait de notre véritable honneur et de notre véritable intérêt de le faire.

*
* *

Serai-je entendu ?

> C'est une voix criant dans le déser

Je supplie l'élite de votre classe de vous secouer vigoureusement, de vous réveiller, de vous crier aux oreilles qu'il faut étudier les questions de patrie, d'armée et de réformes sociales.

Car il serait temps de vous hisser haut par l'intelligence, le savoir et les inspirations généreuses.

Le flot de la démocratie monte, monte toujours, a dit Prévost-Paradol.

Montez donc aussi ou vous serez submergés.

Paris. — Typ. Collomboh et Brulé, rue de l'Abbaye, 22.